AF192174

PIENI SURULLINEN KIRJA

Sururunoja

Eeva Sollo

2018

© 2018 Sollo, Eeva

Kustantaja: BoD – Books on Demand, Helsinki, Suomi
Valmistaja: BoD – Books on Demand, Norderstedt, Saksa

ISBN: 978-952-80-0084-6

Lämmin kiitos ystävilleni lukemisesta,
kuuntelemisesta ja ymmärtämisestä.

Huomenta

jätän jäähyväiset
asetan liinan kasvoillesi
viimeiset hyvästit
kaikessa rauhassa

vedän suruvaipan hiljaa harteilleni
ja aloitan
- elämän ilman sinua

Kuikan laulaessa

Saata rakkaani unten maahan,
toiseen maailmaan.
Anna tuhkansa vaipua lempeästi
veden syliin.

Laula laulusi,
tanssi tanssisi.
Saattele rakkaani unten maahan.

Kuollaanko kohteliaasti

Kuollaanko kohteliaasti?
Hiljaa etteivät muut häiriinny
eikä kenellekään tule paha mieli.

Sairaalan sängyssä,
hälytyskelloa soittamatta
ja vuodevaatteita sekoittamatta.

Hiljaa.
Pysytellen vaivalloisesti paikoillaan.
Toivoen ettei viimeinen kouraisukaan heittäisi
sopimattomaan asentoon.
Tai jättäisi ikävästi kärsivän näköiseksi.

Vaatimattoman elämän päätteeksi
kuolonkoreissaankaan
ei halua ketään turhaan häiritä.

Ei soiteta omaisille,
ei soiteta vielä!
Tulee hössötystä.
Ehtivät ne sitten surra.

Itketään hiukan,
itketään hiljaa.
Odotellaan kuolemaa.

Voi, miten hiljaa voikaan lähteä,
hampaita yhteen purren,
ketään häiritsemättä.

Kohteliaasti II

Kuollaanko kohteliaasti?
Hiljaa etteivät muut häiriinny
eikä kenellekään tule paha mieli.

Sairaalan sängyssä,
hälytyskelloa soittamatta
ja vuodevaatteita sekoittamatta.

Hiljaa.
Pysytellen paikoillaan.
Vaivalloisesti
ettei viimeinen kouraisu heitä
sopimattomaan asentoon.
Ettei jätä kärsivän näköiseksi.

Vaatimattoman elämän päätteeksi
kuolonkoreissaankaan
ei halua ketään turhaan häiritä.

Ei soiteta omaisille, ei soiteta vielä!
Tulee hössötystä.
Ehtivät ne sitten surra.

Itketään,
itketään hiljaa.
Odotellaan kuolemaa.

Miten hiljaa voi lähteä,
hampaita purren,
häiritsemättä.

Tuska

Suru koskettaa niin syvältä.

Työntää sormensa

    avohaavaan.

Elän tämän hetken kerrallaan.

Minuutin kerrallaan.

Tunnin.

Ja kun oikein pitkälle on päästy,

aamulla uskallan ajatella

että iltakin tulee.

Surullinen ilta

Lauantai-ilta,
ja sinua ei ole.

Sinua ei ole minään päivänä,
ei lauantainakaan.

Saunan jälkeen
et ole vieressäni
olemassa,
juttelemassa.

Mitä teen nyt,
kun sinua ei enää ole?
Kun olet mennyt,
ja olen yksin.

Kuka olen,
kun et ole enää rinnallani?
Kenelle kerron kaiken?

Kun olet mennyt,
kun ei ole sinua,
ja olen yksin.

Surusta sekaisin

Ei liikuta minua,
koska olen liikkunut,
liikahtanut pois raiteiltani.

Ei kiinnosta, ei liikuta, ei vaikuta.
Sekoanko surusta?

Ajatukseni takeltelevat
unen puutteesta.
En enää osaa päättää,
mikä sana kirjoitetaan yhteen
tai mitään.
Surusta sekaisin.

Pitää paikkansa.

Älä kärsi hiljaa

Älä huuda tuskaasi.
Muut jo nukkuvat.
Ole hiljaa!
Etteivät muut kiusaannu.

>Koskee ja ahdistaa,
>koskee hirvittävästi,
>sydän pakahtuu,
>pää räjähtää!

"Älä huuda".
Miksi en huutaisi
muidenkin kuulla,
tuska on niin suuri.

Köyhä

Hiljentymishetki vuoteessa.
Luetaan runoja.
Otetaan kirjat, luetaan vuorotellen.
Tänään Merta ja Härköstä.
Eilen oli Hynynen ja nainen.

Mies heräsi unenpöpperöisenä, sanoi mumisten:
"Olen rikas. Musta tuntuu että olen rikas."
Ja nukahti taas.
Hyvä että oli rikas.
Silitin poiskääntynyttä selkää.
Niin tunsin itsekin; rikas, upporikas.

Nyt olen köyhä. Rutiköyhä.
Yksin.

Julma Jumala

Kuin peltohiiri
joka kipittää kuivuneen lehden alle turvaan,
möngin kohti omaa koloani.

Voin olla pikkuiselle julma jumala,
siirtää lehteä,
ja se kiiruhtaa etsimään uutta turvapaikkaa,
näkemättä kiusaajaansa.
Tietämättä että minä sen tein.
Se vain tapahtui.

Kuin peltohiiri
en ole turvassa itsekään,
kun julma jumala siirtää suojalehteä.
Kiiruhdan säikähtäneenä
etsimään turvaa.
Kylmä viima käy vastaani ja matka on pitkä,
kun pakomatka on alkanut eikä määränpää ole tiedossa,
kun jumalan pikkusormi heilahti,
siirsi lehteä.

Esirippu

Haukotus.
Niin pitäisikö tästä...

Katse seisahtuu.
            Niin pitäisiköhän tästä
            jo lähteä...
Niin.
Riisua esitysasu ja poistaa maski?
Pitäisikö mennä kotiin,
omaan elämääni?

Hymyilen epäselvästi.
Siltä varalta että yleisö onkin paikalla,
että joku on.

Pitäisikö...

Suljen oven,
ja näyttämön valtaa pimeys.

Jos avaisit nyt verhon,
mitä näkisit?

Jäljet? Näkymättömät jäljet?
Jäikö siitä jälki?
Näytelmästä?

17

1. huhtikuuta

Ei tämä elämä enää suju.
Eikä tämä ole aprillia.

Vai onko?
Koko elämä
aprillia.

Haipuva häive
ja sitten
ei ollutkaan.

Aprillia!

Kuin koira

Kuin koira,
jonka isäntä on kuollut,
kaipaan.

Pyörin ympäriinsä,
nuuhkin nurkkia.

Etsin,
enkä löydä.

Sydän pakahtuu,
ja päivä on pitkä.

Aamusta en tiedä.
Tuleeko sitä.

Miltä näyttää epätoivoinen

Miltä näyttää epätoivoinen ihminen?

Tiesin, en tunnistanut,
mutta tiesin.

Näin, kun katsoin peiliin.

Surukupla

Kuin haamu.
Toikkaroi,
toimittelee asioitaan
orvon oloisena.

Kuin aave.
Pää täynnä muistoja.

Ei tässä ajassa,
ei missään muussakaan.

Ei katso taaksepäin,
ei eteenpäin.

Unohtaa ostoksia kaupan kassalle,
laittaa kengät vääriin jalkoihin.

Jotenkin pärjää.

Tossut

Ovensuussa.
Tossusi ovat kuin muinaismuistot,
ihan kuin voisit koska tahansa laittaa ne jalkaasi,
lähteä kävelemään.

Minulle rakkaat esineet,
muistot
aamuista, hetkistä.

Selitän että ovat siinä vieraita varten,
jos joku tarvii kun menee ulos.

Mutta ne ovat siinä ihan vaan sen takia,
että siinä on sinun jalanjälkesi.

En voi luopua.
Pitääkö niistäkin luopua,
pitäisikö?

Eikö tämä luopuminen jo riitä.
Tossusikin.

Odotus

Puut ovat riisuneet lehtensä
maahan keltaiseksi matoksi.

Paljaina,
kuin ihmiset, jotka odottavat
pois lähtöään.

Ihmiset
paljaina sen edessä
mitä odottavat.
Kuin puiston puut.

Turhasta riisuttuina,
tummina,
voimakkaina.
Valmiina.

Pessimisti

Aikaisin aamulla ei muista,
että noutaja voi tulla milloin vain.

Vasta herännyt, vuoteenlämpöinen ihminen
voi olla vahingossa
hetkisen onnellinen.
Ilman syytä, ihan turhaan.

Kannattaa muistaa;
jos se on tulollaan, se tulee.

Illalla sen muistaa paremmin.

Lähöllään olevat ihmiset.
Me kaikki.

Vanhojen naisten viisaus

Kun elämä potkii,
satuttaa,
tarvitsee vanhojen naisten viisautta.
Tehdäkseen oikein,
ymmärtääkseen kauheaksi muuttunutta elämäänsä.

Vanhojen naisten viisaus
asuu vanhoissa naisissa.

Sitä vaan tietää,
että kuollutta on hyvä käydä katsomassa heti
eikä viidestoista päivä,
ja että korvapuustiin pitää laittaa paljon kanelia ja sokeria,
ja että kun sydän on särkynyt, keitä teet tai kahvit.
Istu rauhassa ja ryystä.
Ei kiirettä.

Vanhojen naisten viisautta.

Kohdataan enkelit haavoitetut

kohdataan
haavoitettujen enkelten kerho
vammoinemme haavoinemme

kohdataan varovasti
lähestytään niin ettei höyhenkään liikahda

varotaan enempää satuttamasta
puhutaan varovasti

ja lohtu
lohdutetaan toisiamme
puhutaan puhutaan
ja lohduttaudutaan

enkelit
haavoitetut

siipiensä suojassa.

Voiko olla yksinäisempää

Voiko olla yksinäisempää,
kuin yksi selän pesin
koukussa
tyhjän koukun vieressä.

Yksi hammasharja
yhdessä mukissa.

Voiko olla yksinäisempää
hammasharjaa.

Penkkiurheilijan leski

Mies ja urheilu kuuluivat niin yhteen.
Niinpä itken, kun tv:stä tulee pesäpalloa,
suunnistusta,
motocrossia,
formuloita.

Vielä on edessä jääkiekko.
Paljon kyyneleitä.

Muistoksesi.

Se sattuu,
koskettaa herkkää paikkaa.

Penkkiurheilu.

Yllätys sinänsä

Yllätys-ryppynahka.
Kymmenen vuotta on kulunut.
On menty pikavauhtia, kuin jonkun putken läpi.

Ja hups!
Yhtäkkiä tullaan ulos,
 ja päälle on heitetty
joku makkarankuori,
ryppynahka.

Siinä ollaan
ja killistellään.

Vanha nahka.
Aikamoinen yllätys.

Ulos

Rikki.
Rikon tuskan ringin,
karkaan!
Ulos, lintujen paisteeseen,
auringon lauluun.

Menen ulos!
Nopeasti, niin kyllä se siitä taas aukeaa,
uusi surkea aamu.
Aamujen ketjuun
yksi uusi surkea aamu lisää.

Tältäkö suru tuntuu;
tyhjältä, harmaalta?
Mikään ei ole mitään.
Ei naurata.
Itkunpyrskähdyksiä.
Ei itketä.
Sitä vaan valuu silmäkulmista.

Ei jälkiruokaa

Elämästäni ovat jälkiruoat loppuneet.
Sunnuntainakaan ei ole.

En ota jos joku tarjoaa.
Itsekään en tee.

Keitän vahvaa mustaa kahvia.
Ei muuta,
se riittää.

Kaupassahan niitä olisi tarjolla,
jälkiruokia;
Riveittäin. Jonoittain. Röykkiöittäin.
Halvallakin.

Mutta en tahdo.
En halua haluta.
Enkä tahdo lähteä kauppaankaan.

Jälkiruoat on tällä erää syöty.

Surustakin luovuttava

Pitkiä tyhjät päivät.
Nekin menevät ohi.

Kunnes tulee isompi tyhjyys,
kun surustakin täytyy luopua.
Kun se on käynyt tutuksi, jokapäiväiseksi vieraaksi,
jäänyt asumaan.

Silloin siitä on luovuttava,
häädettävä syrjemmälle.

Sydän vereslihalla
jatkettava omaa elämäänsä.

Sitten saa surra enää harvoin.
Tulee velvollisuus elää.
Surraan surusta luopumista.

Reunalla

En kaivannut vertaistukea.
En mitään vierasta itseni ulkopuolelta.
En ollut kukaan.
Piilouduin.
Liikuin öisin ja pimeän aikaan.
Olin surullinen
ja syvästi hiljaa.

Puhumatta kenellekään
harkitsin hyppyä tuntemattomaan.

Väsyin sitten kärsimykseeni,
kyllästyin sen pituuteen ja synkkyyteen.

Etsiydyin valoon,
ihmisten seuraan
ja löysin
oman elämäni.

Vanha

Vanhana en ole mitään.
En ole kukaan.
Ei ole ketään, joka välittäisi.
Ei merkittävyyttä kenellekään.
Kukaan ei tunne.

Odotan jotakin.
Itsekään en tiedä, mitä.

Jospa jotakin tapahtuisi?

Se hetki

Kaapin oven hajuinen
vanhempi nainen
alastomana
luojan ja lääkäreiden edessä.

Tässä, nyt.

Ottaako siivet selkäänsä,
lehahtaa siitä pois,
mennessään sanoo vaikka kvaak!
teille.

Vai lausuuko hellän kiitoksensa elämälle.

Sirrat

Meillä päin ambulanssit sirraavat jatkuvasti.
Käyvät tuossa rannassa kahvilla,
saavat hälytyksen ja sitten menevät.
Näin kesäaikaan tuntuu siltä, että ihmisillä on usein hätä.
Asia pysyy mielessä.

Talvella ei niinkään, kun tauottelevat omissa tiloissaan
jossain.
Onko talvella ihmisillä vähemmän hätää,
kun sirroja ei kuule.
Ainakaan sitä ei silloin ajattele.

Lähdön hetki

kaikki hyvin
tähän asti pääsin

on aika lopetella
hiljentyä, rauhoittua

mitäpä täällä enää tekisin
lähdön aika
ja valmiina
    kohti tulevaa

pitäkää huolta toisistanne
älkää säännöstelkö rakkauttanne

jääkää hyvästi

Asiassa on puolensa

Ajatukset haihtuvat,
kun käännän päätä.
Unohdan, mitä ajattelin ja tein,
kun käännän päätä.
Sen mitä tein, unohdan.
Käännän päätä.

Uusi näkökulma,
uudet asiat
joka kerta!

En anna anteeksi

En antanut anteeksi,
jos jätit jälkiä.

Annoin anteeksi kaiken muun,
mutta en, jos jätit jälkiä.

Mutta jälkesi sinä jätit.
Ajatuksiini, ihooni.
Lämmön ja ilon,
intohimon muiston.

En anna anteeksi.
Et pyytänytkään.
Onnellinen
muistoista.

Ajattelin, että tulet kotiin

Katselin illalla televisiota,
ja kuulin, kun hissi lähti ensimmäisestä kerroksesta
ylöspäin, meille päin.

Ajattelin, että olet tulossa kotiin.

Sitten muistin, että olet jo siellä,
omassa kodissasi,
missä ne vainajat nyt ovat.
Et täällä,
kehosi ainakaan ei ole.

Et ole tulossa kotiin.

Viimeinen voimassa-olopäivä

Lupasit rakastaa minua ikuisesti ja aina ja aamen,
ja otin sen vastaan kuin olisi lakiin kirjoitettu,
jumala määrännyt
ja pappi siunannut.

Käskivät niin tekemään,
joten palvo nyt minua,
ja jumaloi!

Älä jätä.

       Jätit kuitenkin.

       Oli aika mennä.

       Lupauksilla on viimeinen
       voimassa-olopäivä.
       Onneksi emme saa sitä etukäteen tietää.

Huuto

Mitä toivon, kun kipu on kova,
menetys liian suuri.
                    Että saisin kerrankin kunnolla huutaa.
Iso huuto
keskellä metsää.
Jonkin korkean mäen päällä,
 jotta kuuluisi kauas.

Karjuisin, vinkuisin, ulisisin.
Suu ammollaan huutaisin,
niin kauan kunnes kaikki olisi huudettu,
tuska tullut kerralla ulos,
mieli ja keho tyhjä ja väsynyt.

Iso huuto.

Musta joulu

Älkää toivotelko

hyvää joulun odotusta,

ei minulle.

Ajatus joulusta

kuristaa kurkkuani.

Unohdetaanko koko joulu?

Voin nukkua sen yli.

Toivottakaa hyvää joulua.

Vaikka ei se ole.

Ei odotus, eikä joulu.

Toivoton, musta joulu.

Jotain virkaa

Tekstistäni puuttuu kirjaimia,
enkä jaksa korjata,
miettiä mitä puuttuu tai on liikaa.
Puuttuu sielu.
En osaa kirjoittaa,
en ajatella.

Jäi puuttumaan,
kuoli vaikka pysyi hengissä.

Parissa kuukaudessa se tapahtui.
Jäljellä tyhjät kuoret, pelkät kuoret.
Sisällä ei mitään.

Ei ongelmaa.
Pärjää hyvin ongen kohona,
pysyy pinnalla.
Ja minkin ruokana
ja kahvin keittäjänä!

Tyhjäpäänä
onttoa elämää.

Muistettava nuo valoisat puolet.

Muistokirjoitus

Hän oli yhteiskunnallinen vaikuttaja.
Eli sillan alla,
malkana toisten silmissä.
Muistutuksena siitä,
miten asiat voivat mennä.

Muistutuksena suvaitsevaisuudesta ja
toisen ihmisen ymmärtämisestä.

Hän oli yhteiskunnallinen vaikuttaja.
Omatunto, äänitorvi,
vaikka ei sanonut kenellekään mitään.

Täytti velvollisuutensa, hoiti hommansa
hamaan loppuunsa asti.

Kunnioitetaan muistoaan.
Hattu päästä.

Perhoset

Avuttomat perhoset
paikoilleen juuttuneet,
kärsimystensä halvaannuttamina.

Sairauksineen, tuskineen
siivet poikki ja
jalat rammat,
pää jotenkin toimii.

Ja sittenkin,
kuitenkin;
perhoset kauniit,
niin kauniit perhoset.

Suruleipä

Oli ankea olo,
joten lohduttauduin.
Tilasin pizzan kotiin,
siis hurvittelin.

Kuljettaja toi sen ovelle asti.

Ihan hyvää,
mutta ei se sen kummempaa ollut,
ei sillä tuska lähtenyt.

Se oli vain pizza.
Suruleipä.

Ihmisen varjo

Auringonpaisteessa
keskipäivällä
meistä ei jää varjoa
              päiväntasaajalla.

Illansuussa
varjo kasvaa jalkojemme juuresta.

Pitkä matka vielä yöhön.

Varjoton ihminen
on keveä.
Onko olemassakaan.

Kaipaus

Jäätiellä.
Kirkas auringon paiste.
Tuuli kävi kasvoihin.

Tässä käveltiin vuosi sitten
yhdessä.

> Tuntui, kuin joku olisi kivellä heittänyt
> sydämeni läpi.
> Siihen jäi reikä.

Muisto.

Ystävät

Ystävät ovat enkeleitä

kivisellä elon tiellä.

Näyttävät lampulla valoa

kun kompuroimme siellä.

Ystävät ovat valoja

pimeällä tiellä.

Ikävää olisi kulkea

ilman niitä siellä.

Viimeiset juhlatko

Juhlitaanko nyt vielä?
Juuri nyt?

Hetki on oikea.
Parempaa ei tule.

Tämäkin hetki jo melkein kulunut,
pois mennyt.
Kuten kohta mekin.

Sisällysluettelo